87 CICATRICES

Ribay Hernández

Ribay Hernández

87 cicatrices

bubok
EDITORIAL

© Ribay Hernández
© 87 Cicatrices

Junio 2024

ISBN papel: 978-84-685-8173-6
ISBN ePub: 978-84-685-8184-2

Depósito legal: M-13764-2024
SafeCreative: 2406038159808

Editado por Bubok Publishing S.L.

equipo@bubok.com
Tel: 912904490
Paseo de las Delicias, 23
28045 Madrid

Prólogo

La noche descansa con su negro manto, sobre las llanuras de la conciencia esclavizada por la tristeza, que empuña inmisericorde el látigo perpetuo que azota el alma con odio y la despoja lentamente de la piel que la une a la vida.

Valiéndose el hombre de medios y trucos diversos, ignora el dolor de los latigazos, ya dibujando sangre sobre el barro y sus lambrijas, ya inventando la melodía con gritos de dolor que el flagelo le desgarra cada vez que azota su piel cansada, pero entre estas distracciones, la peor es la poesía que le obliga a hablar el sufrimiento de sus heridas, buscando en el mismo el medio, la palabra o la composición que mejor describan la sensación del látigo chirriante que rebana su piel.

Y peores son los que, con morbo, disfrutan de las palabras destructivas que emanan de la boca del poeta, que lejos de experimentar la catarsis de la obra pictórica o la liberación de la belleza musical, está obligado a pensar y reinventar el dolor sentido para el deleite de otros.

En esos otros, habrá ocasionalmente alguno que conozca el llanto, el azote eterno de la tristeza, la soledad apabullante y la lluvia incesante que oculta las lágrimas de los ojos que anhelan la muerte.

Pero aquellos son dichosos, pues leen con emoción el sentir identificado, sin pasar por las penurias de escribirlo y describirlo con lujo de detalles, sin haber perdido, sufrido y padecido la misma miseria una y otra vez hasta obtener el verso idóneo, la estrofa impactante, el canto perfecto.

Pese a todo, masoquista, el poeta ignora el morbo y el placer de quienes se identifican con su dolor, pese a no conocerlo, pues no tiene otra opción para librarse de los azotes de su dueña eterna, la tristeza, que incesante, sigue fustigando su espalda descarnada, incrustando con saña la argéntea punta del látigo en sus huesos, que poco a poco se hacen polvo para perderse en los vientos de la nostalgia.

Cada canto es una cicatriz en mi piel, misma que cansada, se resigna al escarnio y la curiosidad de quienes desconocen los padecimientos de la eterna melancolía de vivir y la desesperanza incurable de aquel que todo lo ha perdido.

En cicatrices amargas se consume esta piel miserable, y estas hojas son el testamento de un alma eternamente esclavizada por tristezas de formas diversas y manos que reptan lentamente sobre sus instrumentos de tortura, listos para estremecer el alma con el escarnio y la saña, con la depravación y el dolor eterno, con una piel que se abre para sangrar sus lágrimas carmesíes en ríos que riegan las planicies de la desolación sempiterna.

Epitafio de dos Anillos

Tarde Silenciosa

En cálida luz de sol y hierba alta,
   sobre la colina y entre árboles silentes
      yacimos abrazados, dormimos, soñamos.

Palabras de amor fluyeron de tus labios,
   y de los míos nació también la emoción.

De estos ríos de lágrimas la delta estaba marcada,
   y aunque la historia no separa dos almas,
      sí la luna del furibundo Marte.

Te recuerdo con calidez apesadumbrada,
   con ternura que ahora deseo arrancar de un tajo.
      Pues al final, las lágrimas fluyen ensangrentadas,
         y la noche tétrica ninguno cruzó triunfante.

Y ahora en mi oscuridad eterna,
   en este aislamiento espeluznante,
      miro atrás el pasado que compartimos,
         tu ausencia es el azote de mi castigo.

En mis brazos queda el escozor de tu silueta,
   y en mis oídos el trueno silencioso de tu voz;
      vuelvo a la colina, deseando la luz del sol,
         y aquellas palabras que ambos repetimos.

Tras la Ventana

Recuerdo el espejismo de sus ojos,
   aquel grabado en el reflejo del espejo
      oculto en el cielo nocturno,
         por siempre presente en mis sueños.

Recuerdo el resplandor de Mamud encarnada,
   sueño etéreo de divino fulgor.
      La tumba llama, y de la luz me he alejado,
         mientras sigo cayendo al tenebroso abismo.

Por siglos soñé, refugiado del todo,
   mi alma tembló con el despuntar del alba,
      y como gotas de rocío bajo las caricias del sol,
         el despertar esfumó los sueños.

Votos se hicieron en el altar de la añoranza,
   mientras el dolor me condenó a estos campos de vidrio roto,
      y el letargo sentenció mi piel a abrirse y sangrar
         bajo el látigo de esta enfermedad triunfante.

Pero en su templo sagrado, Mamud se mantiene entronada,
   día y noche esperaré durmiendo, aguardando el sueño.

De soledad se veló el rostro abnegado
   por la voz tormentosa que se ha robado el viento.

Ensangrentado, en las cenizas de esta pasión quemada,
   sólo me queda soñar con aquello tras la ventana,
      esa que separó nuestros destinos.

Oscurecido Espejismo de Días Pasados

La niebla ha velado el mar,
    ese que alguna vez reflejó el cielo,
        ese que alguna vez reflejó sus ojos salvajes,
            ese que brilló con el resplandor del amanecer.

La cintura del reloj, atascada con su arena,
    ha convertido estas horas en años,
        eones he estado convicto a este dolor silente,
            encadenado al atronar de tus palabras.

Sólo un charco pestilente ha quedado
    del otrora majestuoso mar;
        y aun así, su diosa espera en la caja de cristal,
            enredada con la luz de soles distantes.

Espectros de otros firmamentos, antes del eterno anochecer,
    cuando las estrellas no habitaron los cielos,
        cuando la noche no sangraba su piel hinchada,
            antes del azotar del mangual.

Esos ojos de brillante día se han ido;
    sólo ácido fue llorado de estos ojos adormilados.
        El dado rodó y cayó en sus seis caras,
            los astros han mirado de nuevo mi cuerpo descarnado.

Entre humo y tormenta, su voz se hizo eco,
    mi amado zafiro una vez más ilumina los firmamentos,
        los hace estremecer con su voz de trueno,
            y con ellos esta piel rebosante de anhelo.

La caja de cristal se rompió en mil pedazos,
y con ella el alma encuentra las heridas de su partir,
heridas vetustas que nunca sanaron,
memorias malditas que nunca se fueron.

Miedo llena de nuevo el seco océano,
mientras su céfiro inmisericorde colma las heridas de sal,
la memoria con su fría daga apuñala
y retuerce su filo en las vísceras de la nostalgia.

Las orquídeas florecen y exaltan la belleza
de este pacífico silencio,
pero mañana se secarán y morirán,
vida exigua estremece la tristeza en mí.

Si los tiempos son misericordiosos,
su belleza nacerá una vez más.
Si el huracán es compasivo con esta orquídea, mi zafiro,
me aferraré a aquel día que floreció.

Aun cuando las estrellas en el firmamento sean
la amarga memoria del tiempo que mi jardín secó,
aun así, mientras el día se desvanece,
ruego por el nacimiento de su siguiente flor.

Tentación

Una interminable puesta de sol anuncia su nombre,
    un sol que por siempre se arrastra por la inmundicia,
        buscando refugio de su existencia por siempre condenada,
        buscando el crepúsculo que nunca llega.

Una frágil brisa de su fragancia anuncia la voz,
    el fiero trueno que estremece estas planicies cenizas,
        colma de vida el corazón podrido,
        glorioso temblor de deseo y miedo.

Pues el licor ha sido vertido sobre el loto,
    y su dulce néctar, convertido en amarga verdad,
        me empuja nuevamente al precipicio, a este anochecer,
        aquel que con desespero busca el sol.

El dije al final de la cadena oscila como el péndulo del tiempo,
    mientras sus eslabones, forjados de hielo y fuego,
        luchan por mantenernos juntos, esclavizados,
        a una prisión que tu noche volvió eterna.

Con fiereza sus ojos me abrasan mientras se entona el himno,
    su rostro y sus cánticos me han embrujado,
        me condenan a sentir la eterna desesperación del sol,
        ni anochecer, ni amanecer se enaltecen en ese cielo.

Nos aferraremos a nuestras propias pieles si caemos en el abismo,
    bajo las orquídeas que florecen en sus profundidades,
        para ver el crepúsculo dividir nuestros firmamentos,
        o ver al sol alcanzar su luna.

Aferrado a la Ilusión del Sentir

Gélido astro que con odio desdeñas mi cuerpo,
  con tu mirada atormentas el lánguido correr del reloj,
    aquella vigilia maldita que tanto se ha extendido,
      torturada por tu fatuo fuego y el ardor del deseo.

Fausta Alhambra de mis anhelos,
  a tus portales he de esperar el florecer de tus cipreses,
    promesa que entre humo y niebla parece perderse,
      y de velo gris castiga cual Tántalo mi desmedido afán.

Y a la sombra de los valles, la promesa cumplida,
  velada de blanca enseña, obsesión pura, imperturbada,
    de negro coronada con su manto de fría noche,
      crepuscular augurio de la cruzada del moribundo sol.

Rauda luz que de los rincones escapas,
  como el agua entre mis dedos sedientos,
    fugitivo resplandor, me dejas a merced del miedo,
      presa inerme de la obsesión irracional.

Cual espíritu nocturno contemplo el silencio,
  frágil velo de cristal, oscila, se contrae, se expande,
    ante mis ojos se rompe en mil pedazos,
      voces invaden el aire de inminente tormenta.

Perfume de carmesí dulzor
  que con tu frágil rocío descarnas mi silueta,
    y envenenado despunta las espinas de la rosa,
      amargo néctar vertido cual licor a vuestro cáliz.

Como guirnalda de laureles corona el sol los firmamentos,
    fulgor áureo acaricia los desiertos,
        glaciales tempestades les obligan con alelíes a florecer,
            acariciados por los vientos que su cantar acarrean.

Piel de bronce se enaltece caprichosa
    en medio de la tétrica penumbra enmudecida,
        profanada por la carne corrupta, ponzoñosa,
            brisa del piélago contempla el idilio con licencioso
            aullar.

Apacible mar de ilusiones, al cenit del eclipse despertó,
    hórrido y furibundo huracán hace de la tierra su altar,
        hechizado de sangre y tormenta,
            de áureas argollas trenzado a aquella de Eros picota.

Y de lágrimas se empaña el furor de la vorágine,
    al emerger del negro firmamento el sol triunfante,
        al marchitarse el idilio de orquídeo lecho
            de febea luz se corona el blasón celeste.

Y aunque perdido su vigor, de sus ornamentos se prende
    aquel espectro luciferino, sirviente de la ilusión,
        licor preciado de los hombres,
            aquilón que en sus entrañas sopló,

Y de aquel podrido corazón despertó el atronar.

Al Alba

Al alba despunta el fuego maldito,
  ojos que observan la aullante oscuridad,
    y desgarran con su mirada la piel de la esperanza,
      poseídos por el caos impávido, desafiante.

Su flauta seduce mi alma perdida,
  y de su mano me conduce por las sombras.
    Aire putrefacto colma los pulmones calcinados;
      en esta eterna caída al vacío ignoto.

Cardos nacen de su lecho vacío,
  y asfixian con sus espinas la garganta sollozante,
    voces pretéritas invaden el aire infecto
      de su perfume pestilente a camposanto.

Entre mis manos su carne se descompone,
  y de sus huesos corruptos nacen gusanos de carroña,
    todos con su rostro furibundo, inconmovible,
      todos susurrando sobre mi piel su despedida.

Mandíbulas desvencijadas adornan este altar,
  de manos trémulas y miradas fugitivas,
    de esta tierra el fruto lentamente se pudre,
      y sus árboles irresolutos, estáticos perecerán.

A este mausoleo mi alma pertenece,
  aunque el anhelo volar suspire,
    al estupor del mediodía, languidece la voluntad,
      se tiñe de carne quemada y velas derretidas.

Y al alba la esperanza muere,
      azotada por el mangual del porvenir miserable,
            y en estos ojos esclavizados nace la tristeza,
                  infinita, como el peso de mi yugo.

Espíritu

De gloria póstuma vive esta ilusión
   de noches fugitivas,
      que a mis manos colma del escozor,
        de aquella silueta perdida.

De blanco manto coronada,
   de cerros escarpados ornamentada,
      gélida lluvia me ha infatuado,
        y despertado de ojos negros la obsesión.

Se erige la virtud en la cima del Yamanlar,
   y sobre el lago negro se suspende
      aquel fetiche que de su gracia me inunda,
        cuya salvación me es eternamente negada.

Por siempre preso del desierto,
   esclavo eterno de sus dunas, de su viento,
      anhelando el verde magnífico del bosque,
        su silencio y su frío tacto.

Ilusión Noctámbula

Las poderosas estrellas se ahogan en gritos,
el miedo espera el resplandeciente amanecer,
el día vendrá para aquellos que buscan
la luz que guía a la humilde polilla.

Ardiente luz compele al florecer de este jardín,
todo el valle de colores se enaltece,
todos los deseos se cumplen, la serenidad nutre al
corazón,
obliga las heridas a cerrar.

El cielo tan brillante sobre mi testa
me llama a la noche más allá del sol,
los ojos buscan el índigo del crepúsculo triunfante,
las manos desean el frío del vacío primigenio.

El ego rechaza la majestad de la primavera,
la vida de este jardín floreciente,
la muerte se enciende en llamas,
junto con los ídolos de este templo colapsante.

El reloj preciso y corriendo,
tiene día y hora programados para mi caída,
libre de todas cadenas el camino estaba marcado
en este precipicio al que me lancé.

Cubrí tus ojos con el manto de la miseria,
no contento con portarlo yo sobre mi ser;
la esperanza dejó un rastro de humo
que se desvanece en el corazón del crepúsculo.

Todos los deseos son fútiles,
pues el destino lo escribió de Perséfone el reinado.
Deseando satisfacer las manos con carne,
esta se convierte en vil ceniza.

Mientras busco con desespero devolverte
a los florecientes campos de la esperanza,
sólo caemos más profundo.

No hay nada más allá del sol, la oscuridad me ha engañado
y te he arrastrado a esta muerte.

Leviatán Fálico

Entrégame tu carne, en este acto pasional.

Entrégame tu vida, pues es mía por derecho.

Las arenas del tiempo se aproximan a su final,
    entrégate al ocaso eterno del segador.
        La profecía será revelada, será cumplida,
            una vida a cambio de salvación, sacrificio a los
            ancestros.

Sueño tras sueño lo ha confirmado,
    la promesa cumplida de mi Diosa ha de venir.
        Los sellos se han quemado, revelando el hedor de la
        muerte,
            y su demonio los lleva tallados detrás de su rostro.

Embriágate de mi sangre tóxica, ritual de comunión,
    y toma esta, mi semilla envenenada, hija del deseo.
        En este acto lanzo tu alma a las profundidades del
        infierno.
            Aquí y ahora te ordeno perecer.

¡Oh, poderosa noche, escúchame;
    y a mis plegarias escritas en las estrellas!
        En esta noche de luna llena
            todo lazo ha sido impugnado.

¡Oh poderosos espíritus de la noche!
Tomad esta vida, esta ofrenda,
liberadme de este yugo maldito.

La noche tormentosa reclama tu vida,
suelta tus manos no te aferres al miedo.
Su Majestad ha enterrado esos tus restos inmolados,
entrégate al Leviatán fálico.

Soliloquio de su Ausencia

Tormenta infausta que con desprecio
    azotaste mis barreras,
        que sin piedad arrancaste la piel de mis huesos,
           victoriosa te elevas, mientras despojos he de reunir.

Miles de espejos se rompen dentro de la carne podrida,
    se ha apagado el resplandor,
        y con él toda la ilusión del alma enmudecida.

Fuego salvaje derrite esta piel,
    y de la carne brotan amapolas,
        su perfume adormece las heridas,
           el humo marchita sus tallos,
              la sangre ahoga sus raíces.

El camino se cierra, el acero llama;
    altiva, la fría guadaña se eleva sobre los cielos carmesíes,
        su fulgor al sepulcro invita.

Dedos temerosos buscan las cicatrices en la oscuridad,
        hálito del alba respira sobre las garras,
           aquellas que se aferran al destellante espejismo.

En esa tierra fértil de ilusiones dejo mi sangre, mi conciencia,
    en esas manos he dejado mis anhelos,
        pero en las dunas sensuales del desierto
           sólo el fruto espinoso florece.

De las manos trémulas de la soledad,
    brotan las ideas del nuevo amanecer,
        del fulgor del alma iracunda
            nace la emoción violenta.

Los fantasmas del sueño perdido
    azotan los tímpanos con su murmullo incesante,
        infectos de silencio amargo de soledad.

El sol muerto sangra su luz sobre esta tierra,
    y a borbotones corre su luz fétida sobre mis faltas,
        sobre las heridas ocultas.

La tierra llama, y entre lágrimas y sangre,
    he de atender su llamado.

Camposanto

Murmullo de lluvia
    adorna de su frescura los negros bucles de la conciencia.

Raudo céfiro que pasea por los bosques
anuncia de verdes primaveras el porvenir.

Tierra infértil y zanjada
    cobra vida so caricias del cielo,
        suaves petunias brotan donde otrora naciera
            sólo el impávido cardo.

Rosales sangran de los surcos
    que la cuchilla inmisericorde del arado
        abriera para las amapolas.

El tiempo se funde en raudales de plata,
    que con su brillo colman el blanco lienzo del padre Cronos.

Sobre el cristal etéreo,
    Selene retoza coronada de estrellas, y a su encuentro
        cabalga raudo Helios en su áureo carro,
            tirado por siete caballos.

De dos halos de esperanza brotaron
    frondosos jardines con las fresias de la ilusión;
        de lotos te coroné, mi reina de rosas entronada,
            pero los lirios has preferido.

Las sombras consumen el ímpetu, la esperanza es roca
　　bajo el eterno embate del aquilón,
　　　　y de su polvo podrido brotan rojos claveles
　　　　　empapados de dulce sangre.

Mío fue el cielo por fugaz momento,
　　manto de cera y plumas quema mi piel,
　　　　me ata a este pantano de miseria,
　　　　　a este fuego que consume mi memoria.

Soy el vacío entre las estrellas,
　　soy la noche aullante que consume la luz febea,
　　　　soy el frío de la guadaña del segador,
　　　　　soy el testamento de la derrota del sol.

El diablo susurra en mis oídos,
　　me seduce con su sangre embotellada,
　　　　comunión negra del espectro sollozante,
　　　　　aquí mi carne, aquí mi sangre.

Soy la máscara hipócrita del ardiente desierto,
　　soy el temblor de esta tierra infértil,
　　　　soy el frío sepulcral del camposanto,
　　　　　soy el lago de hielo que aprisiona al Rey Demonio.

Y en la noche de tu cruel ausencia,
　　me llama la fría guadaña de tu plata, Selene.
　　　　Corta la piel diáfana, la carne podrida,
　　　　　estas flores de sangre son mi regalo.

La muerte me seduce con su velo de noche,
　　me llama a la tierra cálida de sus caricias,
　　　　este mausoleo de memorias es lo que dejo,
　　　　　lleno de dolor y de silencio.

Me uno a los sueños, a la esperanza,
  descarnado por el látigo impávido del mundo.
    ¿Dónde estás mi dulce ángel de la soledad?
      Tu rostro coronará esta tumba de mi eterna aflicción.

El Lamento del Viento

Deseos Insatisfechos

Esclavizado al deseo
la piel quema, la sangre bulle bajo el azote,
con alegría los brazos se aferran a la picota,
el lictor sonríe, pues ha nacido de Nix y Érebo.

La piel helada clama por calor,
mientras los huesos tiemblan colmados de sufrimiento,
la carne se agita insomne, la visión languidece,
la mente se pierde en los sueños de la carne.

La textura de la tibia piel colma de furor los sentidos,
grilletes de noche esclavizan al blanco loto,
aullidos de pasión inundan el aire
mientras el alma se despide del cuerpo extasiado.

La decepción colma el espíritu de soledad,
y de nuevo el ser se somete al escarnio;
mientras el cuerpo clama por la eucaristía
la cacería continúa, igual que el deseo perenne.

Mercurio

Figura pérfida y desfigurada,
prisión de carne y piel podrida,
ser desdichado y deforme.

¡Corta sin piedad la carne pecaminosa!
Que no quede fragmento de esta tierra infértil sin arar,
que los montículos de vil tierra y excremento sean allanados,
y la sangrante tierra alimente los gusanos de su cadáver,
aquellos que, desgraciados, han de consumir su miserable vida.

Incólumes sus montañas, sus linderos y cerros,
que al avanzar de la cuchilla innumerables óbices interpone;
desgraciadas las bestias y su arriero, que sin cesar su esfuerzo
allanan el paisaje con inconmensurable fervor
para hallar al amanecer aquella tierra intocada y desbordante de
  fealdad.

¡Desgraciadas pilas de carne rancia!
¡Desgraciados altares de piel dilatada hasta su límite!
¡Desgraciados los ojos del cielo!

Que diariamente contemplan el horror de este paisaje
en el triste recuerdo del lago de mercurio.

Fantasma

Crepúsculo impávido de largos ayeres,
aquí tu carne, aquí tu ofrenda,
aquí tu sangre teñida de largas sombras,
esclava eterna de tu horizonte inalcanzable.

Manto de noche colmado de estrellas,
tierra infértil que clama por ser zanjada,
suaves campos de margaritas esclavas de tu sol,
del calor dorado de tus atardeceres.

Al cenit tus estrellas observan altivas
el suspirar de este espíritu mundano.

Infaustas las sombras proyectadas desde tu altar,
aquellas que profanan tus dorados rincones,
que trastornan los sentidos encadenados
y persiguen las almas atormentadas.

Maldigo al cielo que reina sobre el tiempo,
y a aquellos espejismos que infectan las almas mortales,
desprecio con pesar esta sed insaciable
que por tu luz colma a mi boca de miseria.

En cada sombra se ocultan tus fantasmas,
eternos verdugos de mi piel diáfana,
adicta al calor dorado de tus caricias,
y al frío azote de tus flagelos.

Infausta penumbra domina mi zozobra,
a su merced está mi alma cautiva,
atada a este purgatorio ululante,
en este espectro donde no reinan ni la noche ni el día.

Tus sombras me arrastran por aquellos ignotos abismos
y tus fantasmas me intoxican con el deseo.

Maldición

Carne putrefacta se fermenta bajo la piel,
manto cubierto de estrellas y fétida miseria.
Siluetas ominosas invaden el cándido idilio
con sus manos corruptoras y páramos desolados.

Desdichados los ojos que le contemplan,
desgraciado el deseo que le atormenta.
¡Rasga sin piedad el lúgubre velo!
¡Perfora los ojos desconsolados!

Útero de crueldad infinita, de maldad sangrante,
semillero de tórridas noches y fuegos fatuos,
la suerte de estrellados cielos y tierras aradas
tu placenta maldita ha sellado.

Miserables los ojos del cielo nocturno,
atormentados por el remedo ignominioso de Hermes,
cubierto de estrellas que no esconden su alma desnuda,
preso del vacío que palpita y sangra a su extrarradio.

Largas uñas cercenan los párpados de los ojos pestilentes,
frías guadañas despojan la piel corrupta,
las cadenas se han partido, las puertas se han abierto,
de rojo se tiñe la libertad, la paz sempiterna.

Aunque libre el canario, es incapaz de volar,
los barrotes de su jaula disueltos ante sus ojos,
prisionero eterno, esclavo de la miseria,
vilipendiado por la perfidia de la ilusoria libertad.

Vidrios execrables exacerban el furor, la impotencia,
la sombra eterna de la prisión encadena el alma
al infecto purgatorio de carne abyecta y su reflejo,
maldición perenne, con sangre tatuada en mis retinas.

Precipitación

Refugio inclemente de sombras que de mí te alejas;
imágenes distantes que acechan el porvenir furibundo.
Un segundero que no para, un suspiro distante;
las voces me alcanzan, las sombras me ahogan.

Al tenor del redoble bulle la sangre impasible;
gélido beso de tiempo en el sistema nervioso
acompañado de la miseria oculta en el sol,
aquel que su caminar no para, aquel que no espera a nadie.

Y aun así atormenta a la luna…

Emoción violenta estremece las cuchillas;
lodo, sangre, orugas, ríos, mares,
miserables sin vida, sin tiempo, sin muerte.
Soy ídolo, soy sacrificio, soy sangre.

Quiero la pureza virginal para mancillarla,
la juventud del mundo para consumirla
en un respiro de humo;
frío azote coronado de cráneos, aguarda mi paso subyugado.

Arrastrados por la tierra y la miseria rostros penan,
atormentados por los cadáveres de su imagen, pecadores.
Nieve sangrante que con tu plasma me sofocas
e infectas mi corazón de tu impermanencia.

A mi ser viene tu guadaña,
tus planetas giran, el tiempo se acaba.
Llegan tus luces recalcitrantes:
se llevan mi alma que se aferra al ahora.

Desperdicio

Fútil es mi deseo, mi penitencia;
mis pasos se acortan, mi ser se asfixia,
las arenas han cesado su caminar, me observan
desde aquel lago de fuego y cristal.

Aquellos círculos de sombras
de la orquídea de fuego y sangre
los he andado con gélido temple,
y todos los senderos a ella llevan.

"Ex nihilo nihil fit", claman los vacuos cielos;
no hay ímpetu que sobreviva al tiempo,
no hay emoción que contra este resista;
desmembrada yace la obra en el camposanto.

Divino calor que de mis manos escapas,
exhalación de fuego que se extingue,
luz podrida que en las tinieblas muere
y del alma renace para volver a morir.

De esperma he pintado mi gran obra,
so castigo de Dios ha muerto el legado,
condenado a la tierra y la miseria,
de este campo no nacerán crisantemos.

Y si mi carga he llevado a la cima
fue para llenar mi corazón,
bien sé que volverá al fondo,
y a levantarla de nuevo estoy condenado.

Pero yo sé bien de dónde nace la tristeza,
y sé bien que su sombra es ineludible;
pero el momento nunca llega, como llegó el fin,
pues la roca siempre vuelve a su lugar.

Buitre

Vida maldita que bajo el sol se ostenta,
ufana felicidad inconsciente de su impermanencia;
risas altivas visten de piel la carne putrefacta,
ojos ornamentados de cielo –deshechos en medio de la fetidez–

Alas negras cubren los firmamentos,
al apetito guía el ulular perenne de los caídos,
aquellos despojados del eterno y dorado amanecer,
cuyos cuerpos decadentes convocan al festín.

Carne rancia satisface el deseo inconmovible,
alma extasiada arranca la piel diáfana y desabrida,
sentidos excitados ante el gusto de la fétida carroña,
placer efímero cual destello en la noche tenebrosa.

Vileza llena de desazón el alma miserable,
la pestilencia de la culpa llena la piel –la deforma–
Cada bocado es ceniza amarga –tibio excremento–
y el buitre come incapaz de saciar su hambre.

Decadente prisión de carne, inextricable infecta al ser
que ingenuo buscó el placer y su perfidia.
El perfume cadavérico convoca a la distancia,
el deseo llama nuevamente a ver la propia alma morir.

Sinsabores de la Existencia Artificial

Sonrisas

I

No hay motivos para ver la luz,
no hay motivo para los ojos abrir.
Iluminado por el suave azul
del cielo que disfruta verme sufrir.

Escucha mi dolor y mi destino,
no hay futuro en este abismo.
Escucha mi canto adolorido,
busca la agonía que nos ha unido.

No hay motivos para soñar de nuevo
con un mundo que jamás olvidaré,
el pasado atrás jamás ha muerto.

Bajo mi máscara de alegría
se oculta esta mi agonía.
¡Mira mi sonrisa!, mi alma vacía.

II

Máscara de mi soledad amarga,
dicha sonrisa, no alma aletargada,
a ella se estremecen mares de lágrimas,
cual perecen en el cielo estrellas.

No hay motivos para los sentimientos,
mentir queda bajo esta sonrisa.
No hay motivos para seguir viviendo,
el segador me dará mi partida.

Con amor recuerda que esta muerte
yo abracé, y a sus caricias tan gratas
yo me aferré, mira el horizonte

y recuerda esto que tanto quieres,
esta mi triste máscara sonriente,
esta que no siente y que no muere.

Cicatrices

Esferas de gas de neutrones explotan
y mueren allá en lo alto,
centellas en el vacío aullante,
llagas en la piel de la noche.

Filos de pesar corren por el firmamento nocturno,
estrellas fugaces en el cielo sollozante,
argénteos ornamentos agonizantes
de las pesadillas que invaden del día la luz.

Cadáveres persistentes sobre la piel,
sangrantes, punzantes, ululantes,
marcas de vergüenza, memorias de tormento,
galaxias de sueños podridos.

Fría noche se hace sentir
sobre la piel desnuda,
diamantes no nacidos de la tierra
fluyen en ríos de odio carmesí.

Cometas surcan la noche impávida
con sus estelas de tristeza,
el vacío cósmico se llena de dolor
y brilla colmado de su luz extasiada.

Mira el cielo marchito,
cubierto de estrellas, de fulgores.
Mira cuánta tristeza resplandece sobre la noche,
y cuanta aún en la penumbra…

Salida

Una vez más
soy la negrura
escondida en el corazón.

Soy la malicia
que espera oculta en los ojos.
Soy el pesar
que consume el alma sin vida.

¿Dónde han quedado los sueños?
¿Dónde han quedado las esperanzas?

Soy un cadáver vacío
abandonado en la tumba tenebrosa
-frío y olvidado-
deseando no tener jamás que levantarme.

Soy anhelo
y vil mentira.
Soy éxtasis
y tortura repetida.
Soy vacío,
alma al abismo,
caída eterna a la oscuridad.

Ojos cerrados,
descanso eterno
y cálida muerte.

Los Solitarios Jardines de Buganvilias

Donde el eco sanguinolento
respondió al grito agonizante,
su cuerpo sin vida ha tomado lugar,
podrido por la fría y pálida luz del sol,
vertida fue su sangre
sobre esta tumba ennegrecida.

Profanado fue el sitio sagrado
con su cadáver pestilente.
Sea con vida o sin ella,
¡ea!, mi novia muerta aquí soñará.

Atrapado en la oscuridad
de esta ciudad espeluznante,
extraño sus ojos, su voz, su piel.

Sus ojos florecen, enaltecen los colores: el gris,
magenta, rojo, púrpura y verde,
su fragancia, su vida y alegría
invaden el aire de la ciudad,
llenan de sueños las viejas grutas grises.

Pero este jardín no vive,
pues su imagen es un mero espectro,
un espejismo lleno de añoranza.
Su alma me compele en esta soledad,
y pronto
compartiré su tumba floreciente.

Eternidad

Sigue tu camino
con una rosa en la mano,
cierra tus ojos, siéntate un rato.

La eternidad te llama, ven a ella.

En el espiral de la demencia sin fin,
un nudo apretado, una rápida caída.
Vive una vez más en el viento,
guarda silencio y duerme.

En el profundo abismo del pesar,
una cuchilla fría
y el filo del destino.

La eternidad te llama, ven a ella.
Únetenos.

Vórtice de Soledad

Vientos de pesar
acarrean la maléfica pestilencia
de cuchillas ensangrentadas
y cadáveres podridos.

El negro hedor de su carne derretida
se vuelve azote, placer fetichista.
Su presencia cadavérica como nada
satisface la lujuria, los más oscuros deseos.

Y al frente, los rostros,
los cadáveres vacíos.
En el viento, los gritos estáticos de dolor,
las últimas palabras.

Alrededor no queda nada,
sólo cuerpos sin vida,
tal como siempre ha sido,
como siempre he querido.

Pero el alma
se ennegrece, se colma de sangre,
y ahora, perdida y olvidada,
fría y sin vida se pregunta.

¿Estoy solo realmente?
¿Es el viento tan vacuo como aparenta?

La oscuridad aúlla,
el mundo real sigue allí afuera.

¿Por qué estoy aquí?
Cual sombra a la puesta del sol,
difusa por el eterno vórtice de pensamientos suicidas,
desvanecida por un mundo que no es mío.

El frío viento se encaja en la piel,
y el alma desnuda sangra adolorida,
el corazón muere bajo el yugo de a agonía,
sin nadie que escuche los gritos penitentes.

¡Hórridos monstruos!, ¡cadáveres pestilentes!
Sus vacuos ojos son espejos de tortura,
el alma inmunda se refleja en sus rostros,
como el vacío de los eternos vientos cósmicos.

Para mí el tiempo se ha terminado,
lejos de ellos —aislado—
me arrastro a la última sombra del mundo,
mientras me desangro en dolor y agonía.

Vomitado el Deseo de Vivir

Alma liberada de su esclavitud,
gargantas convulsas se prolapsan.

Voces emergidas de la aullante oscuridad
lloran su ácido tormento
en el pálido vacío centrífugo.

Herederos de viejas fobias,
formas en los espejos ensangrentados,
sombras ennegrecidas por fantasmas ignotos.

Ahora, encadenados
al pálido cáliz de aguas turbulentas,
permanecemos condenados a contemplar el febeo espejismo
del reflejo eternamente maldito.

Vacío Interior

No queda más alma en mí,
el vacuo cosmos habita
estos infértiles páramos de odio.

Ruido es la voz a mis oídos,
no queda emoción ni impulso,
no queda el deseo de volver a sentir.

Las entrañas vacías,
y también el corazón sin vida,
y la mente quebrada,
en silencio la vida llega a su fin.

El alma partida.
Los sueños, ¡oh, tan distantes!
El sentir, ¡oh, tan aislado!
La voluntad, ¡oh, tan destruida!

¿Por qué continuar?
Soy tan solo un recipiente
del vasto y vacío universo,
y en el corazón anida su nada.

Su sombra es reflejo del propio ser,
una informe masa de nada,
invisible, efímera,
intangible, inexistente.

No estoy aquí.
No existo, pero estoy
solitario en la penumbrosa multitud,
en medio de la gente sin vida.

Sangre congelada,
ojos ennegrecidos,
voces apagadas,
muertas las emociones.

Soy materia, soy energía.
¡Soy Universo!
Condenado siempre a llevar en mí
este infinito ente cósmico.

Velo de Lágrimas

Los ojos difuminan la imagen mortuoria
con sus lágrimas que fluyen como ríos,
raudales de vida que escapan por el rostro,
venas del bosque que nunca verán el mar.

A la existencia luctuosa se condena el ser,
en esta su propia muerte, su funeral,
al que sólo llegan los helmintos carroñeros,
y aquí su festín de carne pestilente.

Y el llanto se precipita…

La muerte y la vida no significan nada,
pero los ritos funerarios deben seguir,
para que el alma encuentre al fin descanso,
para que el alma vea al fin el sueño eterno de su ser.

Y ahora, vestido de negro,
el ser se vuelve morador de los corredores embrujados,
custodio de las memorias ocultas en las sombras,
único testigo de su propio tormento.

Las lágrimas fluyen al descubrir
que no hay memoria alguna que guardar, pues vida jamás hubo,
sólo existencia, cual cáscara vacía,
y baja el velo para cubrir el rostro
con sus propias lágrimas amargas.

Espectro

Merodea el ser por los oscuros corredores del aislamiento,
buscando una salida, su propia muerte.

Trascendido de la carne
el espectro es testamento de lo que alguna vez fue,
frío espejismo de los días de vida
que se tornan ahora grises.

Permanece en su existencia indeseable,
víctima del regalo de la vida no pedida,
el regalo que no pudo rehusar ni en su sepulcro.

En la torre de silencio
emerge el grito de auxilio para terminar esa vida,
pero el espectro es inaudible a los vivos
en su silente y sempiterno aislamiento,
empujadle a los eternos precipicios del olvido.

Allí donde ese retrato de dolor
se romperá en mil pedazos
que liberarán el alma, y se entregará
a las garras eternas de la muerte.

Belleza Esquiva

No sé cuándo vendrá mi muerte,
ni sé cuándo partirá.
El paisaje se torna gris,
el sol, las flores, tus ojos.

El corazón: triste y frágil,
se ahoga en esta noche sin fin.
No hay ilusión, no hay belleza
en este mundo silente y sin luz.

Todo lo que soy, y lo que seré,
es un eterno solitario,
exiliado de la fantasía,
del color, de la luz.

No estoy aquí, tampoco ahora,
soy un morador de sueños,
sin tiempo, sin lugar.

Esta noche nunca habrá de terminar,
y de aquí no puedo escapar.

Sólo me queda soñar y soñar
y soñar...

Espejismo Difuso

El tiempo estático continúa
sobre estas lágrimas, estos gritos.
Apagados sollozos se escuchan,
todo es ruido, psicofonía lejana.

La visión desgraciada no enfoca
ni adelante ni atrás;
pasado, presente y futuro,
todo es difuso.

El pasado ha muerto, yace enterrado,
el futuro es negro, aterrador;
el tiempo muere cada vez más rápido.

El presente también muere,
y el futuro nace muerto, ennegrecido.
Vierte mi sangre indigna,
sobre las informes memorias y deseos.

Al frente el futuro es una senda sin salida,
incluso los campos fuera del camino
son memorias de dolor,
espinas en mi corazón desgraciado.

Velo de Humo

En la oscuridad,
con miedo los ojos me miran,
y el alma dice mi nombre:
"Sólo un velo de humo,
que se apaga detrás de mí"

Esclavitud

Atado por siempre a tus brazos de viento,
envuelto y trenzado a tus ojos venenosos,
luz fútil, vida vacía.

Mi destino aguarda
por esta muerte de plata y los óbices del diablo,
por la puerta celestial y las llaves demoniacas.

Tus aguas caprichosas me atan —eternidad de esclavitud—
a tu cuerpo.

Baño de Gélido Sol

La noche ha fallecido,
y el sol cuelga sobre el gris firmamento.

Mi sangre fluye hacia las sombras
y la luz muere lentamente;
sin piedad corto mis ojos,
pues mi tiempo ha llegado.

Tan fría, tan gris,
tan oscura la luz del sol.

De Amores Fugaces

Sueño Tortuoso y Desesperado de Amor

Profeso amor a tu ausencia
    como ama la flor al calor
        que la seca y la marchita.

Profeso amor a tu voz muda
    como ama la polilla a la flama
        que la ciega y quema en vida.

Eres espejismo, ilusión, sueño,
    veneno de mi tiempo que,
        asfixiante, me pierde bajo las sombras.

No hay consuelo en las estrellas,
    ni en las liras de los ángeles,
        ni en el canto de las sirenas.

No hay en el mundo entero
    rastro de tu vida: ni en el sueño,
        ni en la memoria.

Eres estrella a mi navío,
    que navega sobre el mar podrido,
        y naufraga perdida en el insondable abismo.

Eres azote y castigo,
    pared de laberinto, hojarasca
        de domingo, y de mi cordura
            el eclipse y epitafio.

Cruzada

Allí en el ápice del mundo,
    muy cerca del oscuro cielo,
        yace Venus dormida, con el mundo empuñado.

Soy caballero del deseo,
    cruzado de la obsesión,
        de amor es este sable, y la égida de mi dolor.

Atravesaré mares, cruzaré bosques,
    derribaré montañas y las estrellas del cielo,
        clavaré mi espada, en el pecho del Dios eterno,
            hasta mirar tu lecho de susurros y olvido.

Sin embargo, soy mortal,
    invisible al calor de tu mirada,
        ajeno al manto incorpóreo que te cobija.

La canción del océano ahoga el sollozo
    que vibra y azota como el rayo.
        La soledad abraza el alma prisionera
            del mundo que en tus manos palidece.

Epitafio

Te tomé en estos brazos
    al acechar de la muerte,
        y en el perfume de tus bucles áureos
            palpitó el corazón enmudecido.

Ya en el éter del cielo,
    ya en la negrura del bosque,
        la noche del Hades cubre tus ojos,
            y graba en mi memoria tus últimas palabras.

Busco de nuevo los ojos celestes,
    la tez nívea y los cabellos de sol,
        sólo me queda tu epitafio
            y el rostro grabado en la memoria.

Sueño Atávico

La titánide de mi obsesión
  me visita cada noche,
      su manto níveo me abraza
          y me arrulla con su voz de arpa.

Pero al naciente sol
  se pierden entre los rayos sus cabellos dorados,
      mientras anhelo las sendas de Morfeo
          que juntos caminamos.

Azul

Eres duda de la existencia misma,
de impasible mirada color celeste,
de voz inaudible y fría indiferencia;
eres tierna ilusión de la añoranza.

De glacial niebla es tu rostro,
de oro tus rizos te coronan,
y de oro tu daga clavas
en mi corazón agonizante.

Azul tristeza pintada al óleo,
azul medianoche y sus negruras,
azul es mi hórrido tormento,
azul es el más bello de mis sueños.

Azul es el sufrimiento,
azul es de tus ojos el reino,
azul es la luz de la luna
bajo la cual tus ojos se nublan.

Listón Blanco

Recuerdo tus palabras tan dulces,
    escritas bellamente en tinta negra.
        Mi alma se estremece, se desvanece,
            y ante tu voz mi ser se esfuma.

Te recuerdo tan bella bajo tu velo negro,
    tu piel blanca de porcelana,
        cual luna en el cielo nocturno;
            tus dulces ojos queman mi alma.

¿Dónde estás mi amada Tania?
    mis ojos te buscan y no te encuentran,
        mis brazos sangran por ti, alma mía,
            me has olvidado y no existo más.

Soy vil sombra y anhelo,
    cardo ponzoñoso y lleno de deseo
        de ser aquel a quien tú besas,
            ansío olvidarte y no puedo.

¡Oh, triste recuerdo
    esas dulces palabras
        que en tinta negra
            tú me obsequiaste!

Dulce veneno
    en listón blanco.
        Lo has logrado, ¡oh, niña mía!
            mi alma muerta es tu gran obra.

Otoño

Entre árboles sagrados
    me entregaste tus ojos,
        esos que miran a través de mi ser,
            ventanas al resplandor sempiterno.

Las palabras sobran en
    tu reino de silencio,
        claro en medio del sacro bosque.

En nuestra senda dorada
    las hojas muertas cayeron como lágrimas,
        la brisa nos bautizó con su frío manto.

Entre la brisa gris, una hoja me obsequiaste
    de aquel otoño es todo lo que queda.

Y al morir de la luz,
    cuando la noche cayó sobre nuestras almas
        nos rodearon los brazos de susurros y lamentos
            que ahora llevo tatuados en la memoria.

Y seguiste la senda, guiada por la lira de Morfeo,
    mientras me hundo en este tártaro de soledad,
        aferrándome con pesadumbre a esa hoja de otoño
        a la que susurro tu nombre.

Recuerdo

En la aullante soledad
    me invade ese recuerdo de esclavitud amarga,
        tus brazos de viento que azotan mi cuerpo cansado,
        tus manos de fuego que queman mi piel.

Infecto de tu cuerpo, de tus besos,
    añoro tu pecho sobre el mío,
        mis manos desgarrando tu carne,
          inicio y final es tu ser fundido en el mío.

No queda más que la ilusión,
    eres ídolo, maestra de la carne y el espíritu.

Úsame cuantas veces quieras,
    mi cuerpo es instrumento, es objeto,
        tómalo, ultrájalo, deséchalo, desprécialo,
          con el mismo odio que yo lo hago.

No soy más que carne muerta
    para saciar tu hambre carroñera,
        aprovéchala, nútrete de este cuerpo que te alimenta,
        de esta carne hecha para llenar tus orificios.

Soy la bruma que te añora,
    que te llama, que te grita,
        respírame con furia, con deseo,
        exhálame de gemidos vacíos.

Isavella

Oculta en tus ojos yace mi soledad eterna,
  sempiterno fantasma de sufrimiento,
    blanca belleza, luz del día.

Ilusión efímera,
  realidad maldita,
    eterno resplandor,
      alma en pena de mi agonía.

Fría tu mirada,
  tenue tu voz,
    suaves los pasos de tus pies,
      ¡oh, te deseo en el altar!

Pero el hórrido destino
  me condena a las sombras,
    donde putrefacto muere
      aquel negro corazón agonizante.

La lluvia canta eternamente,
  la noche fría, silencio tenue;
    tus ojos verdes, inocentes,
      no se dignan a mirarme.

Tu voz resplandece,
  llena los espacios,
    los colma de pesar,
      para mí silente indiferencia.

Mira la sangre por ti derramada,
las cicatrices, negros ornamentos.
Mis lágrimas diamantes que te obsequio,
tu recuerdo, melancólicos tesoros.

Soy el vacío que grita,
que clama tu nombre en agonía,
que llora, vive, siente y muere,
soy el vacío que no has de escuchar.

Eres mar, silencio, ruido,
cada letra, cada sombra, cada lágrima.
Eres viento, tierra, recuerdo,
pálido momento de eterna soledad.

En el cielo, en la luna,
se oculta tu mirada;
en la tarde, en la lluvia,
me susurra tu voz.

Tan bella, tan lamentable,
como el triste recuerdo del ayer;
dulce fantasma solitario y bello,
desde lejos te observo con anhelo,
poniéndome al cuello la soga
para matar el sueño de tu recuerdo.

Tenue Espejismo en la Lluvia

Impasible, sueño con ese céfiro
    sin aquella su aura angelical, cual fantasma.

Al lado de su cuerpo tibio, aferrado al mío, siento
    voces de gloria penumbrosa que azotan mis oídos.

Eufórica, se pondera mi alma derretida a su lado…
    la pérdida es el destino de las visiones oníricas,
        la soledad es la marca que queda en mí: ella es sólo
            aquel tenue espejismo en la fría lluvia.

La Mujer en el Camino

En el mar de la oscura soledad
    se ahoga el ser desesperanzado,
        salvado por la sirena
            que también navega su rumbo.

Belleza de tempestades y mar de negro oleaje,
    ojos de oscuro abismo miran el cielo,
        la sirena de sonrisa de niña se lleva los sueños,
            sin dejar tras de sí nombre a su murmullo.

Aislamiento

Laberinto de Soledad

Sobre eternos páramos cenizos, ensordecedor silencio se erige
como murallas eternas de desespero y odio,
donde reverberan ecos eternos de aquellos llantos de antaño.

Lamentos ahogados perdidos en la penumbra,
corredores sombríos inundados de sangre turbia
y vapores fétidos de luz putrefacta.

Alucinaciones palpitantes de formas incomprensibles,
recuerdos inequívocos de cielos abiertos.

Formas fugaces y voces ajenas despuntan la aurora,
boreales anhelos que se asfixian entre muros de silencio.

Sangrante y falsa esperanza que oculta las heridas abiertas del alma
   caminante,
perdida en la tristeza infranqueable.

Esclavizado

Resplandor blanco de pureza
invade el reflejo de la realidad percibida,
haz de pálido sufrimiento divide los espacios de silencio.

Ceguera eterna de atracción irresistible,
que impone un largo caminar hacia destinos inciertos
con pasos marcados por el tintineo de las lágrimas,
brazos y piernas aletargados por la pesadez de sus destellos,
por siempre encadenados al permanente espejo del pasado.

Truenos bestiales anuncian los iracundos rayos
que sin piedad azotan su espalda cansada,
piel marcada por el látigo de odio que tuerce su voluntad,
flagelo penitente que se incrusta cada vez más en sus viejos huesos.

Yugo de tinieblas castiga sus pecados,
carga de tormento –guillotina infame sin voluntad–
puertas abiertas al vacío –deseos inertes de libertad pretérita–
nostálgica autodestrucción –esclavitud voluntaria–

Senda de las Estrellas de los Espejos

Ataduras deshechas al alba,
niebla pretérita dispersa en el silencio nocturno,
páramos de ardiente deseo derriten la piel del caminante,
gritos dispersos se pierden entre los borboteos
de sangre y piel hirviente en culpa y memorias,
espejos de alucinante resplandor se elevan a su extrarradio,
imágenes de muerte y caos azotan su tormento,
luz extinta, perdida en el infinito de sus aristas y superficies pulidas.

Gélida soledad impera rotundamente –cielos abiertos–
palpitantes cicatrices se conmueven en el hediondo cielo
mientras siluetas sagradas se erigen en los oscuros páramos cenizos.

Diosa consagrada de presencia reconocible,
su nombre, sigilo de aquel tulpa de dolor, de ausencia,
altiva su testa lleva por rostro el blasón celeste,
estrellas de neutrones revelan el egrégor que la posee.

Esencia de irresistible atracción pavimenta el camino
con aquellas hojas sagradas que de su piel alguna vez pendieron,
mientras ambos se pierden en la inmensidad del plano astral,
a través de alucinaciones de altiva y lúgubre gloria pretérita,
y una vez más, juntos recorren la senda sagrada.

Torre de Silencio

Turbulentas vibraciones separan de su carne la piel,
oscuridad vacía y gélida roba su aliento para entregarlo a la nada.

Incomprensible furor le invade como centellas descendiendo su
  columna,
desgarradora espera que abre en su piel ojos ciegos, abiertos al más
  allá.

Rotunda la noche cae, densa como ácido que consume su
  esperanza,
pálida oscuridad que se traga en su cólera las cicatrices del cielo.

¿Dónde han quedado sus astros?,
aquellos que le sacaron del infranqueable laberinto.

Sus ojos se cierran y el vacío reclama el sonido de sus sueños,
y al morir la última estrella del cosmos, figuras reconocibles le
  asaltan,
hojas caídas como lágrimas ocupan los sarcófagos siderales,
y su voz llena el imperioso vacío,
le devuelve los diamantes que de sus lágrimas forjó,
clavándolos como dagas sobre su pecho vacío,
donde alguna vez su corazón vivió.

Su manto etéreo le abriga del frío, cierra sus heridas sangrantes,
y nuevamente el universo se somete a la creación sigilosa,
pues el vacío ha silenciado aquellos sueños de luz sangrante
que juntos vertieron en la copa del destino.

Cien Ojos Ciegos

Impasible el cosmos se estremece,
desgarradora partida marca las grietas que lo vuelven polvo;
voraginosos firmamentos se derraman nuevamente sobre el
  laberinto,
lluvia de estrellas azota los páramos cenizos,
luz celestial sofocada entre colosales muros de silencio.

El alma caminante nuevamente se encuentra en su punto de partida,
nuevamente de ella sólo le queda un recuerdo, esa hoja sagrada
que de sus cabellos desprendió como piel al muerto.

Lanza una mirada a los cielos que fallecen como moscas,
busca entre las fétidas estrellas aquellos astros a los que tanto se
  aferró,
los idealiza y los desea, pero se halla con su ausencia,
lanza un grito penitente que se esfuma en las tinieblas.

En su locura se arrastra nuevamente por las sendas ensangrentadas,
sobre matorrales espinosos y afiladas estrellas rotas,
purulentas heridas se abren nuevamente, se estremecen,
mueren y se pudren con el resto de su ser.

Su dolor firma con cada gota de sangre y pus aquella sentencia
que sobre él recayó, nuevamente los grilletes y el yugo pesan sobre
  su ser,
mira con anhelo su recuerdo y su piel se abre nuevamente,
cien ojos ciegos que miran al vacío, lloran con sus penas,
sueñan con su ausencia.

Guarda de la Oscuridad

Velas sagradas son incrustadas en su mollera,
la cera caliente brota de sus ojos como lágrimas,
altar caminante de sueños penitentes.

El sol maldito limpia la luz derramada a su paso,
mientras en medio de la cera flotan sueños y recuerdos
entronados como dioses en su imaginario,
en medio del gris noctámbulo de su necrópolis.

Sus cadenas no son sujetas por el obelisco de su psiquis,
sino por aquella memoria reticente e incomprensible,
los rayos que le azotan se convierten en besos de pasión,
su yugo y sus grilletes, son nuevamente sus brazos, sus piernas,
que le abrazan con aquel amor sangrante que brota de todo su
  cuerpo.

Al fin rotas aquellas ataduras forjadas a las brasas de su voluntad,
alcanza al fin el ápice de su locura, de su anhelo demencial,
que se posa impasible sobre su trono erigido en los restos de
  blasón celeste.

Ídolo pútrido, desgraciado, penitente,
guarda de su depresión inconmensurable,
celda invencible que lo aleja de los horrores de su realidad,
condenado por siempre a recorrer esclavizado
el laberinto de su propia gnosis.

Iluminación

Pestilentes pirámides cadavéricas se erigen
sobre mares grisáceos de soledad hirviente,
aristas malditas ornamentadas con velas e incienso.

Ídolos que se posan sobre sus cúspides mórbidas
le llaman, el alma caminante navega lento hacia sus templos
  ennegrecidos
y escala lentamente sobre los cuerpos,
fluidos y moscas brotan de las caras de niños, mujeres y hombres,
todos perdidos en laberintos trascendentales a su propio infierno.

Al llegar a la cúspide los dioses le abandonan,
empero, su perspectiva se ve alterada por la altura,
sobre los mares inertes divisa luces aberrantes, incomprensibles,
navega con desespero a los altares desconocidos y su ser se paraliza,
ante su mente retorcida se erige el ídolo de oro, carne y hueso,
y los mares se estremecen ante sus palabras desconocidas.

Misericordia le llena nuevamente del vigor vomitado,
y aquel dios rompe las ataduras que le unían al dolor ennoblecido,
y remueve de su sesera la vela que iluminaba la voluntad de dioses
  oscuros,
nuevamente le entrega aquello que creyó olvidado,
esa hoja sagrada recuerdo de eones atrás,
su esclavitud demencial le impide recordar el significado del símbolo,
el todopoderoso abre su pecho y de él brotan diamantes,
toca su frente con una daga y su psiquis despierta de aquel letargo
  maldito.

Nuevamente se aferra a sus memorias, que se tornan grises
bajo las arenas caminantes del reloj,
una vez más su frente es tocada por la punta de la daga,
áureas luces invaden su visión, sus ojos ciegos se abren al infinito.

Finalmente, el gran dios dorado tiende un puente que se pierde en
  el horizonte,
y el alma caminante recorre la senda divina una vez más,
libre de ataduras ponzoñosas y recuerdos turbios,
su conciencia se abre a la sabiduría astral nunca experimentada,
y su ser entero converge en ambos planos.

Aislamiento

Nuevamente, el laberinto de soledad y silencio
se erige a su alrededor,
su fetidez, su oscuridad, su tremebunda umbra
se disuelven ante los ojos del caminante,
quien recorre sus sendas libre de atávicas pesadumbres y tristezas.

Los muros de silencio rompen con su indiferencia,
ahora le gritan, le cantan, le revelan sin cesar la sabiduría que guardan,
aquellos secretos oscuros de los que son depositarios.

Las ruinas del cielo se reconstruyen ante su mirada,
se estremecen, sueñan y mueren nuevamente;
ya no es altar, ya no es alma, no es esclavo,
ahora quien recorre estos caminos caliginosos es un ídolo,
cuya presencia altiva obliga al averno a reverenciarle,
pues entronado lo ve todo en el infinito del laberinto,
lo recorre, lo posee, lo invade.

En el cielo sus recuerdos ya no flotan vacíos como esperanza tóxica,
sino que descansan en las bibliotecas sagradas de los templos
en su nombre erigidos.

¡Oh, cuan magnífico resulta ahora su propio infierno!,
pues su aislamiento tétrico le ha librado de sus ataduras mortales,
de aquellos límites que le hacían vomitar su voluntad,
que le torturaban con destellos y espejismos atávicos,
ahora su nombre se erige en el obituario celeste;
y su entereza, puente entre el plano astral y material,
es dueña absoluta de su propio infierno,
torcido a su voluntad, moldeado a su necesidad,
finalmente, se ha convertido en dueño de su mente, de su alma,
y de este mundo maldito.

Elefante

La Nueva Oscuridad

El ídolo sobre el laberinto contempla su reino,
donde los misterios del aislamiento le han liberado;
pero los muros malditos se entristecen
ante la ausencia de su reina.

El sol se ennegrece entre memorias de majestad pretérita,
los cadáveres de las estrellas caen como hojas de otoño.

La fetidez de la luz muerta,
blasón grabado de sangre y flores,
obituario celeste inscrito con el nombre
de la cuchilla del crepúsculo,
que sangra el nacimiento sagrado de la nueva oscuridad.

La Miel es más Dulce que la Sangre

A través de los límites de la imaginación,
donde los espejos, cielos y mares se funden
en sueños de divergencia y amor,
siluetas demenciales desafían la lógica del pensamiento.

Caos que se mezcla con el aire
bajo la maliciosa luz de la calma.

Ríos de plata fundida fluyen hacia el cielo,
se alejan de los cuerpos putrefactos
que sangran sobre los pozos empapados
donde sus pasiones cobraron forma,
donde sus deseos perdieron la cabeza,
donde sus destinos se rindieron.

Las manos buscan alcanzar el cielo,
los orbes buscan alcanzar las estrellas lejanas.

Cenicitas

Figuras desnudas corren por los páramos de la demencia,
placeres prohibidos fluyen a la piel de las almas,
espíritus curiosos que miran con deseo
aquel sol tembloroso.

Pasión sangrante entre pirámides que se erigen
sobre la bóveda celeste,
azote de mis amores malditos.

Niebla iridiscente venida de los sueños,
aquellos que nacen en un espejismo muerto
sobre flores y velas.

El Gran Masturbador

Sueños y anhelos de la carne despiertan
sobre las planicies de silencio amoroso
y soledad enigmática.

Una silueta marcha solitaria, ¿qué pensará?
¿Qué ideas retorcidas aterrorizan su espíritu
al ver a la pareja que se abraza sobre la paz
que su odio les obsequia?

Voyerismo lascivo se erige como vapor carnal,
depravación estimulante cuyo rostro
se pierde entre los ojos que le miran.

Insectos infestan la feminidad del demencial espejismo.
Ella besa sus genitales de plata,
fantasías insatisfechas se pudren en placer muerto.

El aislamiento –la conciencia de su creador–
le pide una respuesta:
"Dime, tú que sueñas con la cúspide de la ceremonia
de los lazos espirituales,
¿qué es el amor?"

La Profanación de la Hostia

Cascadas de esmeralda nacen de la tierra
que florece de la oscuridad,
terrenos turbulentos rinden testimonio
del polvo consagrado a la noche.

Entre diablos y almas condenadas,
la voz del cielo demanda un sacrificio,
ojos sangrantes y peste maldita
profanan las aguas sagradas,

Y finalmente el sacramento
le rinde homenaje a los cielos,
aquellos que se pierden entre nubes muertas.

Y la pregunta es planteada:
"¿El cuerpo de quién?"
El cordero sagrado no perdonará nuestros pecados,
¿qué sentido da a mi alma?

¿Hay acaso que decir "amén" para sellar el pacto
con el ídolo cuya sangre nos donó la vida?

La vida,
este regalo nauseabundo
que quiero obsequiar a la eternidad.

La Persistencia de la Memoria

¿Qué es el tiempo?
¿Adónde se ha ido?

La fútil consternación por el tiempo
es como la vida misma,
una cruzada eterna por la luz que abraza
nuestra alma santa.

Mas buscamos la verdad entre el barro y su vileza,
entre excrementos que bullen en deseo
por nuestra piel diáfana y sin vida.

Miramos el reloj fundido sobre esta tierra solitaria,
bajo el sol que nos invita a dormir
para asistir a final de los tiempos.

Entre sueños e ilusiones, el tiempo se acaba.
"Olvida los relojes que empuñan tus memorias,
las manecillas que miden tu conciencia.
Olvídalas, sólo recuerda, el tiempo vendrá."

Instrumento Masoquista

La soledad recostada sobre las ruinas del deseo,
con el sol dorado que alumbra nuestros cuerpos;
sobre muros podridos la ventana devela
la silueta melancólica de mi reina,

su vil viola cae en las planicies del olvido,
junto con este corazón que se entristece.

Ese que espera por la noche,
aquella que abrirá las cortinas del cielo
para descubrir cómo sufren
los ángeles que nos abrazan en los sueños.

Ahí donde la luz del sol
no quemará mi cadáver maldito.

Atavismos del Crepúsculo (Fenómeno Obsesivo)

Cabalgo a través del crepúsculo,
cabalgo donde el tiempo no corre,
cabalgo sobre la sombra de una noche
que jamás ha nacido.

La noche que abraza mis ojos,
la noche que me lleva por los pasillos de la memoria.
El cielo se entristece con el carmesí de la soledad.

¿Dónde está el tiempo?
¿Dónde está la sangre derramada
por mis amores malditos?
¿Dónde estás amada mía?

La reina de la sombra,
la reina de este laberinto,
laberinto donde he nacido,
y donde fallecí.

Singularidades

La diosa sueña bajo el manto de la noche;
su cabeza de flores y mariposas, enseña de vida celeste,
yace podrida entre las estrellas de sangre y oro.

La serpiente maldita la entrona sobre el reino
de la lujuria y el sufrimiento,
asfixiada por la soledad de su carne
que grita por la transmutación del ser,

Cuyo cuerpo permanece encadenado a la crisálida del destino,
que emerge de la tierra de la lluvia y el fuego.

La purificación de las almas ofrecida como sacrificio
para el espíritu de la muerte y las pestes,
planea sobre las alas de torbellinos compuestos de vino
y retazos de luz venida de los cadáveres del deseo.

La piel grita y se convulsiona,
"¡aplasta tu existencia!"

La cáscara de aquella que otrora fue humana
de carne, hueso y sangre,
ahora es el mausoleo sacro del alma exenta de parásitos
y a sus hijos consagrado.

El tiempo no existe más,
y la muerte es solamente un espejismo
majestuoso como plagas.

Y mientras, las puertas del destino se abren,
¿qué es lo que hará?
¿Asesinar a la reina renegada
o profanar su sacra virginidad?
El tiempo clavará su daga del porvenir.

El Caballero de la Muerte

Sobre la serpiente del saber
la oscuridad del mundo invade la magia de los espejos,
la sombra quema como el sol que devora la bestia.

El silencio se pierde entre las canciones del bosque,
la lluvia cae en las montañas y su silueta me abraza
y me viola como el embrujo que la mar me ha obsequiado
para controlar su voluntad a mi antojo.

La reina reclama su erotismo robado;
durante la niebla la voluntad languidece,
se ha perdido el pacto con esa forma maldita de la carne,
pero su voz me cautiva, y sus ojos de fuego
se ennegrecen con la esperanza de mi ascetismo.

El orbe de la sabiduría se pierde entre la verde y pálida realidad,
sangrante esperma de mi poder que espera nacer,
en su útero yace el Leviatán de mis hordas demoníacas
que protege a mi reina entre el místico paisaje,
y yo, debo convertirme en un espíritu del bosque.

La bruja, que otrora fuera reina entre la tierra de lluvia y fuego,
sueña tranquilamente en el altar de las obsesiones,
donde mi lujuria y decadencia flotan como vapores podridos.

El cielo manchado de sangre
con sus nubes refleja las velas y sus ojos pérfidos;
su templo cae dormido,
el viejo edificio conoce el futuro, el pasado y el presente,
la guerra se avecina.

La bóveda celeste regurgita el alma negra,
mientras la luz acaricia la mar que danza violentamente,
llena de deseo, de odio y tóxica vehemencia:
El tiempo ha llegado.

La falsa reina trata de lanzar un hechizo sobre este espíritu,
estos fetiches sagrados son el muro que divide las estrellas del cielo,
aquel que empuña la luz de la noche y el día.

El espejismo de la obsesión se pierde tras el horizonte,
la falsa reina cae sobre su atrio y la mar castiga su insolencia.

Su carne, su virginidad sagrada, yo reclamo,
el Sacro Caballero de la Muerte,
heraldo del majestuoso destructor.

"Tu vida, tu espíritu y tu alma son mías.
¿Recuerdas cuando tus cabellos abrazaron las tijeras
con tu nombre grabado en sus cuchillas de sombra y atroz dolor?
Esta vez, no habrá salvación."

Deseos Insatisfechos

Ninfa del Bosque

Llorando mi alma,
suplicando mi ser,
clamando por tu mirada
que hace mi pesar crecer.

Dulce es el dolor
que experimento al mirar
de tus ojos el negro color,
de tu alma el tenue brillar.

En la lluvia mi sollozo,
en el viento mi cantar,
desde lo más profundo del pozo
suave se escucha mi aullar.

En el cielo escribí tu nombre,
usando de la lluvia los truenos.
Desde la cima de aquella cumbre
se escucha mi llanto eterno.

Dolor, agonía y pesar
traen a mi alma tu encuentro,
mientras los lobos han de aullar
con dolor y sufrimiento.

Las lágrimas del poeta
caen en forma de lluvia,
acarician tu silueta,
lavan mi sangre turbia.

La cuchilla del tiempo
sin piedad corta mis venas,
impulsada por el tormento
que tu ausencia a mi ser destruye.

En medio del sonido
de tu dulce voz,
el tiempo yace desvanecido,
la muerte llega veloz.

Mis lágrimas se vuelven ríos,
mi cuerpo se torna polvo
ante la mirada de tus ojos,
mi cuerpo se funde con el todo.

¡Oh, dulce pesar!,
¡oh, dulce agonía!,
¿quién diría que por amar
hoy mi vida perdería?

En el pesar y la agonía
sufridos a medianoche y mediodía,
encuentro el calor de tu melodía,
encuentro la oscuridad de tu malicia.

¡Oh, maléfico ser!,
¡llename de oscuridad!
A tus pies el demonio de la soledad.
¡Llena mi alma con tu maldad!

Escucha mis lamentos,
o acaba con mi tormento
en el punto más oscuro de la noche,
¡oh, dulce ninfa del bosque!

Deséale mi Muerte a una Estrella

La noche eclipsa el pesar,
mientras la amargura de las lágrimas
llena de ansiedad la boca sollozante.

Un grito es la poesía que emerge del ser,
el poema que clama la tristeza de su tortura.

La luna impregna el alma de ira, de valor,
el corazón atormentado demanda justicia,
aunque la piedad exija templanza.

El orgullo se rehúsa a la derrota,
el ego niega con furor la victoria enemiga.

¡Oh, mi amada ninfa!,
¡Líbrame de este hórrido pesar!,
hazlo con tus ojos cerrados,
susurra ferviente tu plegaria,
y esta noche, bajo los vacuos cielos,
deséale mi muerte a una estrella.

Deseo de Medianoche

Dulces estrellas de diamante,
murmullo de eones en el vacuo cosmos,
reflejo de la voluntad, de la libertad.

Selene, dama de plata,
llena de secretos, de odio,
reflejo de la mente, del alma.

El tiempo tan lento, tan silencioso,
inmisericorde, destructor, oscuro,
reflejo de la noche, de la vida misma.

La luz del día muere con el sol caído,
nacen en el cielo las estrellas,
al crepúsculo se acerca el deseo de vida.

Los cielos cierran sus puertas
con la furia de la tormenta,
al sonar del implacable himno de la noche.

Al cenit de la luna,
las estrellas danzan a su alrededor,
el trueno grita colérico,
mientras las puertas del cielo se abren.

¡Oh, dama de plata!
ante ti deseo esta nueva vida,
en esta medianoche,
preludio de mi nueva voluntad.

El sigilo aparece en su rostro,
las estrellas danzan extasiadas a su alrededor,
de oro los peldaños alcanzan su boca,
el tiempo ha llegado.

He tocado las estrellas,
y besado la luna con pasión de un amante.
el Diablo me susurra su encanto,
y mi alma renace, de nuevo estoy vivo.

La noche se desvanece mientras nace el sol,
hay en mí una nueva vida para dar,
in nome noctem reivindicat omne vitam.

Ella Nunca Despertó

Ahora bajo el yugo del pesar
mi alma muerta yace;
mi mente corroída por el mal
se desvanece, se vuelve turbia.

El sol se oculta sin piedad,
la luz se asfixia, fallece.
¡Muerte, te has llevado a mi hija!,
has fulminado su triste vida.

¡Muerte, te has llevado a mi amiga!,
¡muerte, con mentiras a tus brazos se entregó!,
alma en pena, en tinieblas,
de su progenie ella no fue.

Su voz en la oscuridad
me pregunta: "¿por qué tiemblas?"

Qayin

Yo soy la noche,
yo soy el sacrificio
que lentamente toma tu vida
en la noche de luna llena.

Yo soy la flor
que crece sobre el pasto,
yo soy la esencia
del viento del estío.

Yo soy el crepúsculo
que lentamente roba la luz,
yo soy aquel
que escucha tu lamento en el viento.

Yo soy el pesar
que consume tu lujuria,
yo soy la voz
que te ordena vivir de nuevo.

Yo soy el sarcófago
que contiene tu voluntad,
yo soy la lágrima
que resbala en tu mejilla.

Yo soy la oscuridad
que ciega tu corazón,
yo soy aquel
que te permite despertar un nuevo día.

Yo soy el grito
en el céfiro del bosque,
yo soy aquel
que te guía hacia la luz.

Bosque que susurra el nombre,
viento que grita el dolor,
lluvia que rocía las lágrimas,
niebla que ciega el alma,
niebla resplandeciente
que se torna en nubes doradas,
el trueno grita,
y sus rayos condenan furibundos la tierra.

Yo soy la muerte,
el torturador de las almas,
el ladrón de la vida.

Arrullo de mi Ninfa

En el cementerio del amor olvidado,
donde la lluvia se convierte en ecos distantes,
su canción se escucha eternamente,
"piérdete en ella, olvídalo todo."

¡Oh, dulce ninfa!,
que en la luz de la luna danzas,
cierra tus ojos, y acompáñame
en esta fría tumba.

Cierra tus ojos, olvídalo todo;
apaga tu voz y mira el mundo
a través de estos ojos infatuados
que te ven como una diosa.

Piensa en mi infierno, enfócate en él,
mira tu sacra imagen danzando en las tinieblas,
tu voz de terciopelo que ilumina el mundo
y alumbra mi ser.

Piérdete en mi canción,
siente la sangre tibia
que gustoso derramo
en eterno amor a ti.

No existo ante tus ojos,
¡oh, tuya la belleza sublime!,
esa que detiene a mi corazón,
esa que corta mi garganta.

Cierra tus ojos,
toma mi mano,
serás mi Perséfone;
cierra tus ojos,
duerme, ninfa mía.

Bajo la Luna del Bosque

La oscuridad consume mi alma
mientras el viento susurra mi nombre,
mientras la puesta del sol anuncia mi caída.

El odio ha arrancado mis alas
bajo el doloroso aullar de los lobos;
corto estas venas ingratas
con el filo de mis lágrimas y su aflicción.

Con desespero he caminado,
tratando de recuperar mi dignidad.
Miles de vidas he perdido
añorando la gloria de tiempos pasados.

Las estrellas danzan en un vórtice
mientras sopla el viento infernal,
mientras la voz de la noche me dice:
"¡Hazlo!"

¡Oh, luna,
dame más sangre para derramar bajo tu haz de plata!

¡Dame más lágrimas,
simiente de diamantes,
reflejo de tu luz en mi pesar!

¡Oh, luna,
castígame con furia!,
mientras muero ahogado en lágrimas
bajo la luna del bosque.

Obsesión Recalcitrante: Mi Dulce Ángel de la Soledad

Mi Ángel

No hay belleza en el mundo,
   ni paz en ningún lugar;
      de Fobos es esta maldición
         que me consume con su dolor.

Nace entre las tinieblas tu luz
   que en mi ser reprime el amargo sentir,
      y con espinoso látigo arranca el sufrimiento.

Soy indigno de tu belleza,
   de tu silueta, de tus ojos.
      No puedo luchar ante ti, opio de mi alma,
         motivo de amaneceres, de evocación de mi
         conciencia.

Busco refugio en la penumbra,
   ahí donde anhelo en secreto tu ser,
      ahí donde anhelo tu corazón palpitante.

Mis ojos se cierran, capturan por siempre el momento,
   sin embargo, al abrirlos
      ya no te encuentran, te has esfumado,
        te has alejado de mí.

Observador Silente

La dicha y el gozo sentidos
    en medio de la tenebrosa oscuridad,
        me invaden inclementes, insensatos.

Este amor pongo a prueba, este gusto
    por las tenebrosas sombras del mundo,
        en ellas afloran los sentimientos,
            a ellos daré rienda suelta.

El mar emerge con su dualidad maldita,
    la calma y el huracán –de noche virtudes–
        potencian mi corazón, son estampida,
        atronar caliginoso.

Así como el bello recuerdo de su alma,
    Dulce luz de luna,
        embriágame de este sentir.

Recuerdo del Primer Beso

En medio del idilio nebuloso
    despiertan las pasionales ansiedades
        que conllevan las labores del corazón.

Mi mente vaga por los senderos del recuerdo,
    mis brazos tiemblan al no sentirte entre ellos.

Y mis labios, ¡oh, desdichados!
    se sienten ansiosos lejos de los tuyos,
        que en el éxtasis divino,
            se pierden en la pasión onírica del beso.

Mi alma sigue eternamente tu voz,
    y se pierde en la tristeza al no encontrarla,
        temo por aquello que deseo,
            y por la noche de Deimos que domina tus labios de
                Venus.

Con desespero busca mi alma el calor de mi ángel,
    mis manos, mis brazos, mis labios,
        todo mi ser, polilla al fuego, vida a la muerte,
            soy luz que se extingue entre las tinieblas.

Voz que me priva del control de mi cuerpo,
    soy presa del deseo,
        la vida corre, y el volcán con su fuego nos abrasa;
            de cenizas el deseo, dos cuerpos en una tumba.

Y bajo el manto de la luna pienso en ella,
en su mirada, en sus cabellos, en sus palabras,
aun cubierto de argéntea pureza nocturna,
yace el alma extasiada que desea volver a escuchar
su voz.

Yacen los labios que anhelan su boca,
yace el corazón perdido en el amor insensato,
yace el hombre que se pierde en el recuerdo de su amada.

Ofrenda

No nacen en mí las palabras,
    tu presencia erradica toda lógica, toda elocuencia,
        pero he de decirlo, pues algo en mí despertó
            esa mirada que atrapa la luz cual agujero negro.

Eres sueño, tan cálido, tan bello,
    verde oasis de pureza
        en medio del mundo deleznable,
            eres luz, eres calor, esperanza.

En ti yace el motivo del despertar,
    el motivo para no llorar,
        pero eres también tortura, pesadumbre del corazón.

Hay duda e incertidumbre en la imagen de tus anteojos,
    aquellos que reflejan mi forma corrupta,
        terror que se esconde en tu belleza sobrenatural.

Por ti dejo hablar al corazón sin censura,
    pues por ti cada letra he plasmado,
        por ti cada gota de esta sangre fue vertida,
            por ti marqué el cuerpo de cicatrices,
    por ti es que llegó a los sueños la luz.

Es sólo por ti:
    no mires con recelo esta obsesión que me has causado,
        antes bien, empújame de nuevo al tormento,
            eres todo lo que pienso, mi llama gemela.

Eres credo, eres ley,
    eres tú a quien con cariño he llamado
        mi Dulce Ángel de la Soledad.

La Tumba de tu Ausencia

Agonía es lo que siento,
    muere mi alma mil veces,
        muere al no sentirte,
            muere cuando no te tengo.

¿Has sentido la oscuridad?
    ¿Has visto la triste luz que pudre el alma?
        Yo la he visto, la he sentido,
            he escuchado los gritos de un cielo que muere,

que se extingue con el índigo del crepúsculo;
    he sentido el dolor del día que se apaga,
        aunque este mi sollozo nunca haya escuchado,
            aunque este mi sentir haya ignorado.

¡Oh, qué bello es sentir!

¿Has sentido el dolor que envenena la mente?
    ¿El deseo de la vida entregar al segador?
        Yo los he sentido, los he abrazado,

he vivido la miseria de tu ausencia,
    he sentido el calor del sol que a mi esperanza abrasa,
        he escuchado su odio melancólico,
            que con furia busca cegarme para no volverte a ver.

Toda esta miseria, esta pesadumbre,
esta tristeza sangrante, esta abyección,
son polvo, son brisa, son nada
ante la inmensidad del universo
que magnánimo te ha creado.

¡Oh, Dulce amor mío!,
si pudieras acaso saber
lo que en mí causas,
este fuego salvaje que tu presencia aviva.

Eres melodía, obra sacra, excelsa, inmortal,
voz del alma, del deseo, del hacedor mismo del mundo.
Etéreas notas llueven de esos tus labios,
reflejan la bondad pura, anhelos de mi alma.

Pero también revela mis defectos,
mi podredumbre, mi romance secreto
con esta muerte que día a día me seduce
y me acerca a sus brazos de perfidia.

¿Has sentido el llamado de la oscuridad?
¿Has oído el hechizo maldito de la niebla?
yo los he visto, los he sentido,
yo los he vivido, me he entregado,

los he plasmado en frías y diáfanas obras,
los he dejado consumir esta mi carne, mi alma.

Y en la abrumadora soledad su canto aflora,
como la primera vez que vi tu imagen radiante,
como ahora que tu ausencia siento.

Luz y sombra somos, la imagen del todo, de la nada,
  imagen oculta más allá de los límites de los sueños,
    etérea penumbra que infecta los reinos de la luz,
      radiante ceguera del huevo cósmico del alquimista.

¿Has sentido la lluvia sobre tu bello rostro?
  ¿Has sentido el bosque inundar el alma mundana?
    Yo los he sentido, los he abrazado:
      la libertad del verde majestuoso,
        la frescura del beso de Urano sobre el vientre de
          Gea,
          la conjunción de los principios de la piedra
            filosofal.

Somos el todo, somos la nada,
  somos misterio más allá del límite de la cognición,
    somos ímpetu, tormenta,
      somos calma, crepúsculo.

Y nuevamente, tu ausencia me convierte en caos,
  me funde con la noche sepulcral,
    me empuja a la fiereza de la tumba deseosa,
      me conduce a la depresión penumbrosa.

Sólo tu voz me mantiene en este mundo,
  me aleja del impulso autodestructivo,
    de la sangre turbia que por ti derramo,
      de las lágrimas que afanosas buscan tus manos.

Aquel "Te amo" en la memoria,
  inspira el arte, la gloria,
    en mis párpados llevo tu imagen sacra,
      y en mi piel tatuadas tus manos santas.

Tu alma es agua en esta sed desértica,
tus besos fruto en esta hambruna famélica,
tus ojos estrellas en este mar de lágrimas.

No me prives nunca de esos zafiros radiantes,
ni de esa piel apasionada que beso con vehemencia,
no me prives nunca de esa voz de seda,
ni de esa sonrisa que ilumina el alma.

Pues tu ausencia es látigo raudo que la piel azota,
es brisa salina sobre heridas abiertas.

En medio de la noche, deja que suene la melodía,
esa de tus labios sobre mi cuello,
esa de tu voz junto a mi oído,
esa de tus manos recorriendo la piel.

Toma mis manos, ángel mío,
y guíalas por los senderos magníficos de tu silueta,
toma mi boca, y permítele de tu cuello un bocado,
toma mi alma, y embriágala para siempre de tu
recuerdo.

Tortúrame con tu mirada, y arráncame la piel con tus besos,
hazme llorar con tu recuerdo, y llévame a la tumba de tu
ausencia.

Disertación Nocturna

Dulce ángel mío,
    Dulce amada mía,
        ¿qué secreto esconden tus ojos?
            ¿qué anhelos ocultan tus labios?

Aquellos que me conducen
    a los senderos no explorados,
        aquellos donde no habita el pesar,
            aquellos donde la silueta de la duda se pierde.

La paz ignota invade esta tierra de caos fértil,
    y de claveles florece el pecho descarnado:
        alumbra tu sonrisa traviesa,
            la que me guía al calor del alba majestuosa.

La distancia no mata de mi memoria tu recuerdo,
    y la noche no aleja de mí la marca de tus besos.
        Me rehúso a liberarte de mis brazos, que serán tu eterna
        prisión,
            y a través de tus rojos labios, por siempre quiero
            soñar.

Dulce ángel mío,
    Dulce amada mía,
        ¿qué secreto esconden tus ojos?
            ¿qué anhelos ocultan tus labios?

Las Caricias de tus Besos

El silencio se rompe,
    pasionales suspiros, voz de seda se eleva,
        cuerpo inquieto juega con el momento,
            pasión que se convierte en liberación del alma.

Tus besos se incrustan en mis huesos polvosos,
    llegan más lejos, se tatúan en mi alma
        que por siempre lleva las cicatrices de tu nombre.

Somos cielo y mar
    jugando con las olas y la tormenta;
        somos sol y luna,
            eclipse que inunda la tierra de carmesí.

El manto de Gea tiembla como los sentidos extasiados,
    las palabras pierden la forma, se retuercen,
        corazones que martillan al tenor de los truenos,
            al alma traen paz, serenidad de ensueño.

Eres flama entre mis brazos de Prometeo,
    luz divina que a mis pasiones entrego
        al tenor de esos suspiros que a mi oído susurras,
            premonición que tus besos a mis sueños colma.

Esas caricias que prolongamos bajo la lluvia,
    son notas errantes que exaltan del cielo el regalo,
        y que celebran las flores que caen libres del árbol,
            invitación a los sueños, diamantes de Morfeo.

Al final del día, nos resistimos a separar el camino,
y con besos extendemos el momento,
una mirada fugitiva graba tu imagen en mis retinas,
mientras me retiro soñando con el calor de tus
labios.

Psicosis

Dulce epítome de la perfección,
    ese tu cáliz precioso del elixir prohibido.
        En mis retinas nuevas luces rebotan
            oriundas de infiernos más allá de mis sueños.

Soy sin ti el prisionero que anhela
    su libertad condenada a claustro y grillete.

¡Oh, Dulce ángel mío!,
    dueña sempiterna de mi alma,
        delirio eterno de mi mente,
            tormento inmortal de esta senda maldita.

¡Oh, Dulce luz argéntea de luna!,
    bello haz plateado
        que me has mostrado
            el nunca poseído arcano once.

Anhelo los campos etéreos del amor
    donde eternamente florecen los deseos
        que claman por esas dos estrellas de negra noche
            cuya contemplación llena mi alma de vida.

Puedes mentir, pero las estrellas te delatan,
    tus ojos traicioneros revelan el anhelo de tu alma,
        la pasión y el calor que con vehemencia se liberan
            desde el fondo de tu corazón.

¡Oh, Dulces labios de fuego!,
   con caricias expresan
      esa alma bondadosa oculta entre juegos
         y falsa malicia.

Esa alma que me ha enloquecido,
   y llevado a la tortura.
      Me has condenado con una fantasía
         que me destruye, me divide y me mata en vida.

¡Despierta!,
   despierta del idilio, mísero escritor,
      despierta de tu letargo,
         alma corroída por la soledad,
            abandona la tortura, la ilusión,
               monstruo cobarde y demente lleno de odio.

Dulce luz de luna, ¿es este mi camino?,
   toda ley has impugnado,
      dolor, dolor, dolor,
         bellas cicatrices portaré por mi infracción.

¡Oh, Dulce ángel!
   ¡Oh, bello pétalo de clavel!,
      mi delirio, mi inspiración,
         patrona perpetua de mi alma.

El inmaculado sentimiento es faro en el mar tenebroso,
   mi Dulce claro de luna,
      mi más grande anhelo, bello susurro del bosque,
         el astro que guía mi camino,
            mi Dulce Ángel de la Soledad.

Perdido

Siento mis huesos helarse,
    la soledad impávida que me acompaña
        bajo la luz de esta estrella muerta.

No tengo salida, ni retorno,
    por siempre perdido en la luz:
        laberinto de pesar, de soledad.

Sólo queda una luz fría y distante
    en los oscuros túneles que a la vida conducen,
        sólo queda una luz que, ahogada,
            se oscurece con el pesar de mi alma.

Por siempre vivirá la desolación,
    el cuerpo lacerado que no parara de sangrar,
        y tu pureza conocerá a través de la luz,
            no hay otra manera, sólo queda el resplandor.

Crepúsculo

Una vez más me encuentro en el camino,
    camino que alguna vez fueran lágrimas,
        camino que alguna vez fuera mi destino.

Maldita sea la luz que me castiga con su furor,
    el pesar destruye mi mente pedazo a pedazo:
        heridas purulentas colmadas de hedor.

Sueño

¡Maldita seas por mostrarme los caminos de la carne!

No comprendo este anhelo,
    deseo tu calor, tus besos,
        como en aquel sueño
           en que me mostraste el amor.

Te encontré en mi letargo:
    un cuerpo venerado, un corazón amado.
        Pese al odio y el deseo,
           añoro la paz que tu amor me traía.

Por siempre, mi ángel, vivirás en el cementerio,
    un monumento a las memorias
    que, muertas, yacen en mi cautiverio.

Duerme, y no vuelvas más,
    pues ya no eres bienvenida en mis sueños.

Adaia

Páramos infértiles,
        ahora malditos con la semilla de la memoria.
                Traté de olvídate, tal como me olvidaste,
                        ¿¡oh, por qué!?

Y así, las montañas florecieron de rojos claveles,
        no hay lugar intocado por tu mal acogida memoria,
                no hay escape para la mirada o la mente,
                        cada rincón sujeta el recordatorio de la culpa.

Los sueños están llenos de dolor,
        mi ser cambió desde aquel día.

Oculto del mundo, me acobardo paranoico
        por la culpa de mis pecados; el daño causado,
                el desprecio y la herida fueron mi obra,
                        y son ahora mi maldición, el desamparo de Orfeo.

No puedo escapar de tus garras, de tu juicio,
        y bajo la luz del sol, añoro la oscuridad de las sombras.

Perdóname por no protegerte, te he fallado,
        perdóname por no atesorarte, te he fallado,
                el día del juicio se acerca, puedo sentirlo,
                        y todo lo que pido es que puedas perdonarme.

Por favor, perdóname.

Juramento

Hállome perdido nuevamente
   en el vórtice de autodestrucción,
      de riachuelos carmesí que fluctúan
         sobre los campos cenizos tras la zafra.

No queda más camino al frente,
   sólo una respuesta por revelar
      a la pregunta filosófica fundamental,
         a la incógnita de Camus, misterio de los vivos.

Las estrellas colman el cielo,
   le compelen a sangrar su luz en esta tierra maldita,
      se reflejan sobre un mar voraginoso
         de tormentas incipientes, de sentimientos rotos.

Soy fugaz dueño del mundo,
   soy la bestia que adoro, la muerte de la luz,
      breve destello del azote férreo sobre la piel,
         raudo y efímero espectro de la sombra.

Y tal cual, desaparezco tras el golpe fatídico,
   furor del rayo que por un momento infecta el aire,
      que en breve instante es todo, y se vuelve quimera,
         y a su paso sólo queda tierra calcinada.

Soy melancólica exanguinación,
   penumbra eterna en los ojos penitentes,
      rauda guadaña que arrebata la vida,
         fugaz ensueño de memorias que se alejan.

Y después, sólo queda la sombra
  perdida en la luz del renacer,
    no permitas que muera,
      no dejes que la luz me consuma.

Soy el caos palpitante,
  corazón del mal, de miseria sangrante,
    soy el choque a los sentidos
      que claman desesperados por una nueva vida.

De nostálgica autodestrucción
  nace la ilusión inextricable al alma,
    esa de ojos negros y labios de ardiente deseo,
      esa que con amor he llamado ángel.

Vida iridiscente escapa de mis manos,
  acuosa sangre se esfuma entre mis dedos,
    como lágrimas de los ojos corruptos,
      como hedor de cadáver descompuesto.

Sobre esta testa mía sueñan estrellas
  en las noches de intemperie que añoran el refugio:
    y sus jardines, y sus flores, y sus corredores gélidos,
      ilusión maldita de tiempos pretéritos.

En estas sendas caminan pies cansados
  de espaldas rotas, exhaustas, penitentes,
    añoran el lujo de raudo corcel, el viento en la cabellera,
      la libertad del camino abierto, la emoción de la
        bestia domada.

Estas arcas se hallan vacías, paupérrimas,
  anhelando el pasado de opulencia, de riqueza,
    sólo queda en ellas la miseria comparable a la del alma
      el anhelo silente de recuperar lo perdido.

La ambición no ha vivido mejor suerte,
    se ha perdido, entristecida, aplastada por los lirios
        que de sus huesos putrefactos crecen cual parásitos:
            jardín de miseria, aplastado por los pasos que
            buscan sendero.

De estas letras se escribió igualmente
    el epitafio de dos anillos que alguna vez amaron,
        su lecho vacío me grita, me asfixia en la noche oscura,
            sé que los lirios ha preferido, sé que no volverá.

Y en medio de la podredumbre,
    de tu nombre queda la ilusión
        que en la noche tenebrosa de mis labios escapa,
            que me azota, me abrasa, me sofoca.

Los días se funden unos con otros,
    el cuerpo se resiste a levantarse del lecho,
        la mente sólo se enfoca en un fin,
            de estrellas que se abren en el cielo, que le destruyen.

En medio del humo, del licor maldito de Psique,
    la mente se aferra a la obsesión, a la ilusión,
        esa nacida de mil sueños, de números nueve, diez,
            once, treinta y uno y treinta y tres.

Los pasos errantes me conducen por estas tierras
    de trauma, de pérdida, de ausencia,
        me llevan al camposanto, a la voz de los muertos,
        me llevan a tu morada, tierra prometida.

Soy Caballo de Espadas mirando al pasado,
　cabalgando sobre el techo del cielo,
　　soy el Diablo desatado, desencadenado del infierno,
　　　soy el Loco que vaga sobre esos recuerdos quemados
　en mi memoria.

En este regalo de Satán, yace la sesera destruida,
　advertida en sueño, de mandíbula sangrante,
　　de muerte anunciada, de infamia advertida,
　　　Dulce flama negra que me abrasa, me transforma.

Y en medio de la noche tenebrosa,
　me persigue la obsesión de ese amor tuyo,
　　mucho antes que aquel de mi Mamud,
　　　mucho antes de la gloria que hoy añoro.

De las sombras el aroma a incienso,
　y del viento el tuyo que llega sin invitación a mi olfato,
　　de la noche tu voz de seda me llama,
　　　de las estrellas tus ojos, tus labios deliciosos.

La derrota me ha alcanzado, anunciada
　por los sueños, por las cartas, por el cielo,
　　he iniciado el cambio, paso a paso,
　　　la cimitarra de Kali cortará mi cabeza.

Pero tu nombre sigue impreso,
　me persigue, me acosa, me obsesiona,
　　se escapa de mis labios, se derrama de mi boca,
　　　sólo quiero decirte adiós, junto con este mundo.

El futuro es negro, y las cartas lo observan,
　ven el trece y nada más,
　　el mundo para mí se acaba, aunque me aferre a la vida,
　　　a la obsesión.

La guadaña de Cronos decidirá, como siempre lo hace;
    sé que tu memoria no se irá,
        Mamud lo supo, pero antes prefirió irse ella,
           y sólo quedo con tu nombre escrito en sangre sobre
           mi pecho.

Y sé que ni la amapola me traerá luz,
    ni la vid amarga borrará tu memoria,
        mi enfermedad tiene nombre y apellido:
           al sepelio ven, que yo te invito.

Mal Eterno

Esta imagen tuya no me abandona,
    me persigue a donde quiera que miro,
       me persigue en mis sueños,
          me persigue en cada parpadear.

Con anhelo he intentado desterrarte,
    hacerte saber que en mi cabeza ya no existes,
       pero sigues acosándome, persiguiéndome.

¿Cuándo terminará este maleficio?
    Si ya lo he perdido todo,
       ¿cuándo me libraré de tu memoria?
          si dijiste que ya me habías perdonado.

Soy Atlas vencido en este mundo de miseria,
    sólo quiero dormir sin pensar en tu ausencia,
       sólo quiero de mi ser extirpar
          este corazón lleno de culpa.

Tu nombre llevo grabado en el pecho,
    ensangrentado, herida abierta y purulenta,
       mi camino llega a su fin,
          y pronto…no volveré a despertar.

Éxtasis

En amarga soledad se consumen los días,
    el sol quema mi ser con su luz voluptuosa,
        y la noche me obliga a buscar entre la niebla
            los rastros de tu aroma en las almohadas.

Los días pasan, fundidos unos con otros,
    mientras sigo aquí, estancado en el crepúsculo,
        añorando vehemente la salida, el final,
            aquel que nunca llega, como llegó tu partida.

Eterno prisionero soy de este tormento,
    de esta nada en la que me consumo,
        prisionero soy de la horca que me llama,
            del ángel que me abraza.

Recaída

Dignidad que muere queda
    bajo embates de alcohol,
        en noches de estupor ocre
           y soledad amarga.

Recuerdo angelical que azota
    de mi memoria las tardes
        y de mis sueños las fauces.

Empújame al vacío, ángel mío,
    exíliame de la luz de tus ojos,
        y con esa voz de seda estrecha
           tu puñal sobre mi pecho.

Que yo aquí te seguiré soñando,
    añorando tus manos santas
        y tus palabras invitándome al deseo
           de tu corazón palpitante.

Soy noche velada de plata,
    devota del sol enfermo
        que lucha por cruzar
           el Aqueronte de tu indiferencia.

Soy querubín de camposanto,
    segador de las tristezas
        que plantan los ojos que te añoran,
           los muertos que te velan.

Soy gris noctámbulo de lluvia,
    nueve de espadas,
        astro de la mañana,
            anhelo inmortal de tumba.

Espera

Soy obsesión y veneno,
    muerte del alma y su ímpetu,
        noche de la mente y sus deseos,
            luz cegadora y oscuridad rampante.

Lléname de ti y de tus defectos,
    de miradas de escarnio
        y palabras de desprecio,
            sacia mi sed de ponzoña, de muerte.

Regálame el don de tus manos
    azotando mi carne pecadora,
        desuella mi cuerpo con furia
            y riega de mi sangre tus claveles.

Eres la luna, yo soy el Diablo,
    el Loco, el triste, el olvidado:
        no hay luz que alumbre esta noche
            ni sol o aliento que me dé vida.

Que tus negros ojos se traguen mi alma,
    y tus cabellos me ahorquen con su perfume.
        Que tus manos sean picota
            y látigo de tu desprecio.

Niégame el privilegio del adiós,
    que esa voz de seda
        será la fruta de Tántalo
            que por siempre anhelaré.

Déjame soñar eternamente
  libre de la esclavitud de tu nombre,
    entrégame a las garras de Qayin,
      alejado de esta tierra que habitas.

Despedida

Te has ido para siempre,
lejos, libre, ligera,
sin esta sombra demoníaca,
sin el peso de mi alma.

Pero yo no me libré de ti,
pues mis cadenas no has soltado,
ni mi jaula abierto solemne,
soy eterno prisionero, esclavo.

Te has ido sin regalarme tu voz,
te has ido sin decirme adiós,
sin ritual, sin cortesías,
sin mirar atrás.

Pero tu daga has dejado clavada
en estas entrañas enfermas,
y por siempre en mí vivirás
como amarga obsesión de soledad.

Tus ojos son colores de la noche,
de mi sepulcro coronas
y de Selene guadaña;
adiós, mi ángel, adiós amor.

Aquí te esperaré, leal y afligido,
soy tu esclavo eterno,
tu marioneta, tu posesión;
por siempre dispuesto a tu regreso.

No hay tentación que por virtud evite
    pues soy de tus ojos esclavo
        y de tus manos presidiario,
            no sueltes mis cadenas ángel mío,
                pues sin ellas fluirá mi sangre.

Sangre indigna que de carmesí
    pinta los campos de sempiterna desolación,
        paisaje de eterno abandono
            que me atormenta con la imagen
                de sus florecientes claveles.

De sueños mi carne,
    y de noche mis obsesiones,
        sagrada Nix, nunca regreses,
            pues tu belleza me volverá a matar.

No hay virtud en mi huida,
    pero hay paz en tu silencio.
        Tu ausencia me libra
            de las cadenas de la esclavitud perpetua.

Hoy vuelvo a soñar
    y por la fuerza reclamo
        mi diabólica libertad.

No vuelvas a mí sino es por mano propia,
    pues toda cadena impugnaré,
        así deba firmar mi libertad con sangre,
            sea tuya, o sea mía.

Y si no has de volver,
    yo dejaré de sufrir;
        no por la libertad de tu yugo,
            sino por la horca que me llama.

Y moriré siempre tuyo,
    mi Dulce Ángel de la Soledad.

Índice

Obsesión Recalcitrante: Mi Dulce Ángel de la Soledad